Alexander Wiechert

(B)ewusstwie 4

Alexander Wiechert

2022 Copyright	Alexander Wiechert
Autor:	Alexander Wiechert
Umschlag:	Alexander Wiechert

Herstellung und Verlag: BoD – Books on Demand, Norderstedt
ISBN: 9783756851744

Jetzt

Dieser kurze magische Moment der Möglichkeit zwischen
"wird schon nicht so schlimm" und "nun ist eh zu spät",
dieser flüchtige Augenblick der Klarheit zwischen
süßer Unkenntnis und bitterer Erkenntnis,
dieser schmale Grat zwischen Zweifeln und Verzweifeln ...
er ist genau jetzt!

Insellösungen fürs Kollektiv

Jedem sein Verein, die Öffentlichkeit zerbricht.
Das Ideal des Streits innerhalb einer Gemeinschaft geht verloren.
Alles nur konfliktbereinigte Kommunikation.
Bloß niemandem verletzten, oder herabsetzen.
Insellösungen für jede vermeintliche Interessengemeinschaft.
Abgrenzung, wo man hinschaut.
Ellbogengesellschaft ohne direkte Konfrontation.
Egoismus im Kollektiv ausleben.
Um Verzeihung bitten, ohne eine Entschuldigung zu äußern.

Theorien sind von gestern

Oft überlege ich her und hin
hat das alles einen Sinn
will ich da
oder besser wo will ich sein

bin ich stark oder klein
was mache ich hier eigentlich
und wie lass ich's sein
ist das dir oder mein

ist das wichtiger als nein
Solidarität ist dein?
Zerdenkst du die Dinge
oder wenigstens, ob es ginge

wer will das
oder besser wer nicht
wer ist so groß und doch ein Wicht
ob es nun geht

ob dir das Amt steht
mag die Zeit beweisen
lass uns vorwärts reisen
auf Sohlen ganz leisen
was mag sie verheißen?

Phrasen wie die Großen
aber Taten wie gemacht
pass auf einer lacht
und wacht
über alles, was soll geschehen

wird es den „richtigen" Weg gehen
möchtest du dann dem im Weg stehen
oder machst du besser mit
bei diesem Hit?

Innere Kündigung

Ich will nicht mehr.
Ich kann nicht mehr.
Ich werde nicht mehr.
Ich sollte nicht mehr.
Ich gebe nicht mehr.
Ich nehme nicht mehr.
Ich liebe nicht mehr.
Ich hasse nicht mehr.
Ich hoffe nicht mehr.
Ich glaube nicht mehr.
Ich warte nicht mehr.
Ich zögere nicht mehr.
Ich folge nicht mehr.
Ich irre nicht mehr.
Ich bin nicht mehr.
Ich bin nicht weniger.
Ich bin nicht freudig.
Ich bin nicht hoffnungslos.
Ich bin nicht bereit.
Ich bin nicht verzagt.
Ich bin nicht gewillt.
Ich bin nicht endlich.
Ich bin nicht unendlich.
Ich bin nicht untergeben.
Ich bin nicht überlegen.

Beschäftigt

Du kannst gar nicht zu beschäftigt sein. Du setzt einfach die falschen Prioritäten in deinem Leben.

Worte

... leer und doch so aufschlussreich
... bedeutungsschwanger und doch gebiert sich daraus nichts neues
... geistreich und doch pöbelnd, polternd
... sinnentleerte Hülsen und doch zeigen sie Tendenzen
... gewaltig und doch ohne erkennbares Ziel oder Sinn
... friedvoll und doch so überbordend zweideutig
... überschwänglich und doch abweisender Natur
... liebevoll und doch so zwieträchtig

Grundrechtsschonend

Ausgewogen, maßvoll, grundrechtsschonend – Das Bundeskabinett hat Anpassungen am Infektionsschutzgesetz (IFSG) beschlossen. "Wir nehmen die #CoronaPandemie weiter ernst – und wir nehmen die Grundrechte ernst", erklärte der Bundesjustizminister.

Das hier bedeutet "grundrechtsschonend" konkret:
Art. 1 "Die Würde des Menschen ist ein wenig antastbar"?
Art 3 "Viele Menschen sind vor dem Gesetz gleich"
Art 4 "Die Freiheit des Glaubens (...) kann schon mal verletzt werden"

Ich darf

Ich darf mein Geschlecht frei wählen,
nicht aber meine Frisur.
Ich darf den Kindern skandalöse Aufklärungsbroschüren verteilen,
nicht aber das Buch von Winnetou.
Ich darf Kerzen kaufen, falls der Strom knapp wird
und gleichzeitig aufs E-Auto umsteigen.

Fragen

Was soll das hier,
was macht ihr da?
Was machen wir - nicht
Was können wir tun?
Was verändern wir,
Was lässt sich anpassen?
Was wollen wir,
Was sollen wir anders gestalten?
Was können wir bestimmen,
Was ist die Last, die wir ertragen können?
Was tragen wir mit,
Was lehnen wir ab?
Was sagen wir - nicht,
Was transportieren wir ins Außen?

Distanz

Ich distanziere mich, ...
Ich distanziere mich, ...
Ich distanziere mich, ...
Ich distanziere mich, ...
Ich distanziere mich, ...
Ich distanziere mich, ...
Ich distanziere mich, ...
Ich distanziere mich, ...
Ich distanziere mich, ...

Nie wieder

Leute die "nie wieder" sagten und sich immer fragten "wie das passieren konnte", fordern heute schweres Kriegsgerät und militärische Intervention und wollen anderen erzählen, dass sie Propaganda auf den Leim gehen, weil sie dieses nicht fordern.

Deutschlands Mitte

Träge Aussitzhaltung gepaart mit
schäferhündischem Gehorsam,
vorgelebter Vollkasko-Mentalität,
unerträglichem Moralweltmeistertum
und nicht zu vergessen
fanatisch zelebriertem Schuldkult.

Diktatur

Eine Diktatur ist eine Herrschaftsform, in dem einer allein oder mehrere
gemeinsam die Denk- und Handlungsweise für alle anderen vorgeben und
jede abweichende Meinung und das Benennen von Tatsachen unterdrücken,
um ihre Herrschaft zu sichern!

Denkpause!
Wirkung?

Hauptsache politisch korrekt

Mit political correctness in den 90ern fing an,
dass zu sagende Dinge unsagbar gemacht
und Probleme nicht benannt werden durften,
die immer größer und sogar bewusst herbeigeführt wurden.
Das sicher nicht zufällige Ergebnis dürfen wir heute bewundern.

Die Wahrheit

Die Politik der letzten 20 Jahre:
Spalterisch,
die Gesellschaft zersetzend,
zerstörerisch,
arrogant,
abgehoben,
mehr und mehr realitätsfern,
allmählich wieder kriegsbereit
und unter "Hurra!" auf den Abgrund zusteuernd.

German Angst

Vor Kommunisten,
vorm schwarzen Mann,
vor mehr als 30 Grad,
vor dem Russen,
vor Corona,
vor Atomkraft,
vor freier Meinungsäußerung,
vor der Inanspruchnahme eigener Grundrechte.

Ich habe mitgemacht

Diejenigen, die andauernd fordern,
dass man sich von Dingen zu distanzieren habe,
zu denen man sich nicht mal bekannt hat,
möchten nicht mehr mit ihren eigenen bedenkenswerten
Äußerungen konfrontiert werden und wollen dem durch aggressive Täter-
Opfer-Umkehr begegnen.

Besonders

Deine Hautfarbe macht dich zu nichts Besonderem,
nicht deine Sexualität,
deine Herkunft oder deine angebliche Marginalisierung.
Es ist deine Persönlichkeit und
dein Charakter.

Tabus

Diese Tabuisierung ist in meinen Augen die Notwehr derjenigen,
die keine guten Argumente haben gegen die normative Kraft der Realität.

Feindbilder

In welchen Modus müssen wir als Gesellschaft zurückfinden, um die
gegenwärtige Spaltung zu überwinden? Aus was ist der Kit gemacht, der eine
Gesellschaft zusammenhält? Das Denunziantentum aus dem dritten Reich
wurde überwunden. Zumindest in Westdeutschland trat es nicht so sehr zu
Tage, wie im Osten Deutschlands, als Stasi und inoffizielle Mitarbeiter einem
Kritiker das Leben durch Zersetzung, wortwörtlich raubten. Im Westen gab
es das mit der Jagd auf vermeintliche Kommunisten, die keine Staatsbeamten
werden durften und schlimmeres. Was braucht es in den kommenden
Jahrzehnten, um unsere eigenen Interessen auch selbstverständlich und -
bewusst zu vertreten und uns als Gesellschaft wieder zusammen zu wachsen?

Sind es gemeinsame Feindbilder?

Neues

Der Wegfall der Religion in der westlichen Welt bedeutete der Wegfall von Werten. Menschen kommen schlecht ohne Orientierung zurecht, das zeigt der Fall hin zum absoluten Nihilismus.

Viele aus der Gegenbewegung gehen nun den denkbar schlechtesten Weg: sie fordern die Rückkehr der Vergangenheit, zurück zum Aberglauben, zurück zu einer Zeit, die wir zum Glück hinter uns gelassen haben.

Gegen gewisse christliche Werte habe ich aber an sich nichts, doch wir müssen es als Gesellschaft schaffen, diese Werte von der absurden Idee eines übermächtigen Wesens zu entkoppeln, sie mit den Werten des Humanismus kombinieren und alles auf ein gemeinsames Gerüst stellen, dass einen funktionierenden Überbau wie die der Transzendenz hat, die der Homo Sapiens innerlich zu brauchen scheint, ohne aber auf die unwissenschaftliche und abergläubische Ebene dieser Spiritualität zu gehen. Wir brauchen eine gleichwertige, rationale, aber mit Emotionen untermauerte Alternative. Ich glaube, dies wird die größte Aufgabe der Menschheit des 21. Jahrhunderts und darüber hinaus sein.

Transhumanismus oder KI sind da meiner Meinung nach nur Symptome dieses seit einigen Jahrzehnten andauernden, schwebenden, unklaren Zustandes der westlichen Zivilisation. Für mich persönlich ist mein Weg recht eindeutig: der Weg ist die Kunst, Kultur und Philosophie. Und als Fan der Science-Fiction steht für mich auch eines der großen übergeordneten Ziele der Menschheit fest: die Erkundung und das Verständnis dieser Welt außerhalb unserer schützenden Atmosphäre. Die Zukunft liegt unter anderem in den Weiten des Weltraums, unsere Heimat, dieser wunderschöne Planet, sollte uns bei diesem Abenteuer aber zentrieren, sie sollte das Herz unserer Existenz bleiben. Versuchen wir gemeinsam, einen Lösungsweg für diese kulturelle und zivilisatorische Mammutaufgabe zu finden!

So schlimm auch die Degeneration und Dekadenz vorangeschritten ist: der Mensch hat das theoretische Potenzial, nicht an dieser Aufgabe zu scheitern.

Hinnehmen

Wenn Olaf Scholz sagt, er wird "nicht hinnehmen", wenn Demonstrationen von Querdenkern gekapert werden. Nun, Herr Bundeskanzler - In diesem Land gilt das Recht der Demonstrationsfreiheit.

Für jeden Bürger.

Egal welcher Gesinnung.

Respekt

Suche Respekt. Aufmerksamkeit bekommst du auch so.

Wahre Liebe

Du wirst glücklicher sein, wenn du Dinge mit Liebe machst, als Liebe zu suchen.

Narrenschiff

Steigen wir in das bunt geschmückte Narrenschiff Utopia ein, in dem unsere Politiker die Rolle des Kommandanten in Karnevalsuniform einnehmen. Und segeln ins trübe, ungewisse Gewässer, in dem die Ängste und Ungewissheit unseren Alltag bestimmen.

Idioten

Früher waren es genau diese Menschen, die trotz starker Erkältungssymptome, sich durch die gesellschaftlichen Strukturen und Ideale beeinflusst, ins Großraumbüro setzten und den Ausfall halber Betriebe zu verantworten hatten, die wiederum heute Maskenpflicht und Impfung als größte Bürgerpflicht sehen und von anderen fordern.

Eindrücke

Es erweckt in mir den Eindruck, als müsse der Deutsche sich grundsätzlich hinter sogenannten Vordenkern verstecken. Warum schätzt man die eigene geistige Kapazität niedriger ein als die der sogenannten Intellektuellen ein? Mir will der Sinn sich nicht enthüllen. Liegt es an deren medialen Präsenz? Die Gedankengänge und Ausformulierungen mögen sich doch durchaus auf Augenhöhe begegnen. Was mag wohl der Grund sein. Dies betrifft grundsätzliche Alle. Egal welcher Pro- oder Kontraargumentation man nun gerade in der eigenen Position vertritt. Es ist zum Glück bei der stillen Masse so, dass diese keinem der extremen Meinungslager angehört, aber immer wieder einzelnen Argumentationen folgen kann. Welche Werte wollt ihr an das Volk vermitteln, wie es eure Ansicht nach um die Bewertung des Stellenwertes des Souveräns, in diesem globalen Spiel steht.

Ausspielen

Wenn es darum gehen sollte, wer nun im kommenden Winter bevorzugt werden sollte, gilt:

Man kann das eine nicht gegen das andere ausspielen. In der Autofabrik arbeiten Mitbürger, aus deren Steuern u.a. öffentliche Strukturen, wie Schwimmbäder bezahlt werden.

Das eine bedingt das andere.

Ausbrechen

Wir sollten viel öfter ausbrechen!

Und zwar in schallendes Gelächter.

Neuanfang

Wir bedürfen eines demokratischen Neuanfangs in Wirtschaft, Politik und Gesellschaft. Die Gewalten unseres Staates sind der Korruption zum Opfer gefallen. Das Vertrauen in Parteien und Berufspolitiker ist weitgehend zerstört. Die Mitglieder der Parlamente, der Regierungen und der Justiz haben sich ebenso als unfähig und unwürdig erwiesen, wie der öffentlich-rechtliche Rundfunk.

Neue Zeiten

wir leben in einem Zeitalter wo:

die Ärzte die Gesundheit zerstören,
die Anwälte die Gerechtigkeit,
die Universitäten das Wissen,
die Regierungen die Freiheit,
die Presse die Informationen,
die Religion die Moral,
die Banken die Wirtschaft.

Neue Zeiten 2

Laut Stromrechnung hast du einen Teilchenbeschleuniger,
laut Wasserrechnung ein Schwimmbad,
laut Gasrechnung wohnst du in der Antarktis,
laut Gehalt bist du arbeitslos.

Entweder-oder

Krieg ist, wenn deine Regierung dir erklärt, wer, warum der Feind ist.
Revolution ist, wenn du es selbst herausfinden kannst.

Paradoxien

große Häuser - aber kleine Familien
mehr Bildung - aber weniger gesunder Menschenverstand
neuste Medizin - aber schlechter Gesundheitszustand
den Mond besuchen - aber die Nachbarn nicht kennen
hohes Einkommen - aber ständig unzufrieden
hoher IQ - aber keine Emotionen
neuste Erkenntnisse - aber keine Weisheit
viele Menschen - aber weniger Menschlichkeit

2022

Das Telefon kabellos
Das Essen fettlos
Das Leben inhaltslos
Der Anstand gegenstandslos
Die Mitbürger orientierungslos
Die Mächtigen skrupellos
Die Beziehungen bedeutungslos
Die Gefühle herzlos
Die Kinder Manier los
Die Jugend antriebslos
Die Regierung schamlos
Die Gesellschaft ehrlos
Ein Mancher sprachlos

Der feine Herr Professor ist wieder da

Und wider alles Erwarten tritt er hervor,
er spricht und warnt uns erneut davor.
Der feine Herr Professor ist wieder da,
kommt aus der Versenkung hurra.

Zum Glück kommt alles anders,
drum schenkt man ihm kein Ohr
schon verschwindet er wie zuvor.

Ferieneffekt

Leute hab was ausgeheckt
Hab die Inzidenz mal versteckt
So dass auch niemand checkt
Es gibt keinen Ferieneffekt.
Und sind die Ferien dann vorbei
Hol ich eins, zwei, drei
die Inzidenzen wieder raus
Dann gibts Maskenpflicht
Schluss aus
Das mach ich Hand in Hand
Mit dem Lehrenden-Verband.

Nur dein Bestes

Wenn du überredest
ermahnt
unter Druck gesetzt
belogen
durch Anreize gelockt
gezwungen
gemobbt
bedroht
bestraft
und kriminalisiert
werden musst ...

Wenn all das notwendig ist
um deine "freiwillige" Zustimmung zu erlangen,
dann kannst du dir absolut sicher sein,
dass das, was von dir verlangt wird,
nicht zu deinem Besten sein kann.

Legitimation

Früher haben Soziologen
die verborgenen Mechanismen
der Macht dekonstruiert.
Fundamentale Herrschaftskritik
war selbstverständlich.
Heute sind viele von ihnen
Legitiamtionswissenschaftler.
Sie legitimieren das Handeln
der Herrschenden.
Sie treten nach, wenn es sein muss.

Unmenschlich

Nichts Unmenschliches sei dem Menschen fremd,
so nimmt er auch dein letztes Hemd
verteidigt deine Peiniger vehement.

Nichts Weises sei dem Menschen genug
drum wählt er lieber Lug und Trug
wohlwissen wer ihn vortrug.

Anerkennung

Pass auf, ob du jemanden widerlegen willst.
Widerspruch ist immerhin ein Zeichen von Anerkennung.

Aufdringlich

Sei nicht so aufdringlich, du musst dich vor niemanden rechtfertigen.

Verstanden

Etwas verstanden zu haben bedeutet bei weitem nicht, zu verzeihen, auch nicht es zu dulden.

Angepasst und angepisst

Der Zorn des Angepassten, des gezähmten Willens ist eine grundsätzliche Gereiztheit.

Satt

Aus einem gesättigten Geist, der immer zufrieden mit sich ist, in dem kann sich nichts neues entwickeln, aus dem wird nichts neues entspringen.

Niedertracht

Aus einem gesättigten Geist, der immer zufrieden mit sich ist, in dem kann sich nichts neues entwickeln, aus dem wird nichts neues entspringen.

Es fügt sich

Alles fügt sich aber doch so wunderbar nahtlos
in die Kakophonie des überbordenden Schwachsinns ein,
wie eine Fuge, komponiert in den Niederungen
der allseits beklatschten Grenzdebilität.

Great Resignation

Nichts geschieht umsonst. All dieser negative Sturm von hausgemachten Ereignissen, dient der Zermürbung.
Das Ziel - die Resignation des Individuums.

Realisten

Realisten, das sind all jene Menschen, die man gerne abfällig als „Querdenker" beschimpft, um sie mit Tanzbären, Esoterikern und rechten Spinnern in einen Topf zu werfen.

Realisten sind etwas anderes: Seit über zwei Jahren sind Realisten die einzigen, welche der herausgegebenen Verordnung, nichts und niemand zu hinterfragen, nicht nachgekommen sind.

Welche die Widersprüche in den Aussagen von Politikern und „Experten" herausgearbeitet und bloßgestellt haben.

Realisten, das sind nicht die Wendlers und ähnliche, welche den Tod der Geimpften im September letzten Jahres vorausgesagt haben.

Realisten haben sich an Fakten gehalten, haben bei Studien nicht nur die Überschriften gelesen, sondern sich mit Statistik und Medizin gründlicher befasst als ein Wein trinkender und Wasser predigender Minister.

Natürlich sind auch den Realisten dabei Fehler unterlaufen. Wurden manche Daten falsch interpretiert. Im Gegensatz zur „anderen Seite" gibt es jedoch ein Kontrollgremium: Nämlich andere Realisten, welche auf Fehler und Fehlinterpretationen hinweisen.

Ohne ausfallend zu werden. Ohne Streit. Ohne in irgendwelche Ecken stellen. Also so, wie man einen Diskurs führt.

Wegducken

Nach zwei Jahren systemtreuer Berichterstattung und der Verbreitung vieler Falschinformationen als Fakten, etablieren sich langsam die Narrative der Skeptiker in den Leitmedien. Ist das richtig?

Man müsste sich fragen, wieso die als „Schwurbler" geframten Ärzte, Wissenschaftler und Journalisten, bei rückblickender Betrachtung, schneller und besser informiert waren als die hochgelobten wissenschaftlichen Journalisten und Fakten Checker unserer Leitmedien.

Haben die großen Medien ein Problem mit der Personalbeschaffung? Werden nur noch unkritische Mitläufer beschäftigt, weil diese einfacher zu managen sind? Oder reichte die initiale Massenpanik, um nahezu alle in einen Tunnelblick zu zwängen und die Angst geframt zu werden, in Konformität.

Die Verantwortung, die diese Journalisten gegenüber dem Volk tragen scheint in Vergessenheit geraten zu sein, wenn sie auch jetzt um so deutlicher sichtbar wurde. Menschen wurden durch unreflektierte und ungeprüfte Verbreitung von vorgefärbten Informationen aufgestachelt und zu Therapien bewegt, die die meisten laut Zahlen, Daten und Fakten nicht benötigten und deren Wirkung nicht einmal annähernd den propagierten Nutzen haben konnten. Die Liste aller fatalen Auswirkungen dieser, der Abhängigkeit geschuldeten, Systemtreue ist lang.

Die Politik ist auf Grund mangelnder Expertise auf nahezu allen Ebenen abhängig von Beratern, die eigene Interessen vertreten. Wir werden daher von Menschen regiert, die aufgrund mangelnder Erfahrung, Bildung oder Kenntnissen, Ergebnisse von Beratungen mit wirtschaftlichen Interessen nicht einschätzen können.

Und das Korrektiv der sogenannten vierten Gewalt versagt aus den gleichen oben genannten Gründen. Und so wird es wieder passieren.

Die Zeichen stehen nicht auf Aufarbeitung, sondern auf Wegducken. Die Fahrt Richtung totalitärer Willkür-Regierung ist zwar gebremst, aber die Richtung steht weiterhin. Die Einrichtungsbezogene Impfpflicht, die Genehmigung von Medikamenten ohne ausreichende Studien u.v.m. sind, für jeden ersichtlich, Zeugnisse totalitären Handelns. Aber das Volk wird wie immer schnell vergessen, wenn es erst einmal wieder gemütlich wird und man nicht mehr zweifeln oder denken muss.

Lügen

sie lügen
sie logen
sie haben gelogen
sie hatten gelogen
sie werden lügen
sie werden gelogen haben

Verwirrend

Wir kleben van Goghs "Sonnenblumen" auf die Autobahn, und zeitgleich kippt ein Betonmischer Kartoffelsuppe auf Klimaaktivisten.

Wir kleben Kartoffelsuppe auf die Autobahn, und Klimaaktivisten kippen sich selbst über van Goghs Sonnenblumen.

Klimaaktivisten kleben einen Betonmischer auf van Goghs "Sonnenblumen" und übergießen eine Radfahrerin auf der Autobahn mit Kartoffelsuppe.

Klimaaktivist*innen kleben sich an Sonnenblumen, und ein Betonmischer überfährt Vincent van Gogh mit dem Fahrrad auf der Autobahn.

Wir kleben einen Betonmischer auf die Museumsinsel und kippen Sonnenblumen über radfahrende Klimaaktivist*innen.

Vincent van Gogh klebt Sonnenblumen an Museumstüren, und eine Betonmischer kippt Klimasuppe auf drei Kartoffelaktivist*innen.

Die Bundesregierung klebt Klimaplakate auf den Pergamonaltar, und fünf Klimaaktivist*innen kippen Kartoffelsuppe über Mustafas Gemüse-Kebab Stand.

Klimaaktivist*innen kleben sich an Betonmischer*innen, und ein Kipplaster kippt Klaviertasten in klassische Kulissen.
Klimaanlagenaktivisten kleben van Goghs Sonnenblumen
 an Rembrandts "Mann mit dem Goldhelm", und eine Betonfahrerin klebt sich an einen Radmischer.

Autobahnkleber sonnen sich mit van Goghs Klebeblumen, und ein Mann mit Betonhelm übergibt sich mit Rembrandts Kartoffelsuppe.

Obacht!

Womöglich wird es bald wieder eine Straftat sein, wenn man Politiker nicht ernst nimmt.

Ein Hauch Arroganz

ich trage keine maske
ich wähle nicht mehr grün
ich bin nicht geimpft
ich werde mir auch nicht die 6. impfung geben
ich habe die studien verstanden
ich fühle mich maskenträgern manchmal geistig überlegen
sie tun mir leid

Wissend

Selbst wenn die Pandemie und aller Maßnahmen enden würde, könnte ich mich nicht freuen.

Denn jetzt weiß ich um ...

käufliche Ärzte
faschistoide Experten
paranoiden Lehrern
verrückte Professoren
narzisstische Influencer
mitlaufenden Millionen

Blackout

Stellen Sie sich vor: Der Blackout ist endlich da! Zucht und Ordnung sind vergessen, marodierende Horden auf den Straßen! Sie sitzen in ihrem Keller und nagen an einer Reiswaffel. Da fällt Ihnen ein: Sie haben ja noch ein Kurbelradio! Also ran ans Gerät und die Muckis spielen lassen.

Das erste Rauschen stimmt Sie hoffnungsfroh. Mit zitternden Fingern drehen Sie am Senderegler und bekommen den ersten ÖRR-Sender in die Leitung. Lauterbach: „Ja so ein Blackout ist schwierig, weil die Leute dann vergessen, dass wir uns noch in einer Pandemie befinden. Darum rate ich allen, auch beim Plündern eine Maske zu trag...“

Sie kurbeln weiter. Zum nächsten Sender. Ricarda Lang: „Aber ich sage Ihnen, wir haben vor allem ein Wärme-, und kein Stromproblem!“ Annalena mischt sich ein: „Ich bin bereits in Gespräche mit den Molen involviert, um die Chromverseuchung zu gewinnleisten!“ Batterie alle.

Sie kurbeln noch einmal kräftig und suchen verzweifelt einen Sender mit anderen Nachrichten. Funk: „Besonders als weiblich gelesene POC sind von diesem Blackout betroffen. Jasmina Kuhnke weiß bspw. nicht, wie sie an ihre nächste Zigarette kommen soll. Das Patriarchat ...“

Weiter, immer weiter! „Und jetzt zum Wetter: Der Blackout als Folge des Klimawandels ...“ Vorwärts immer! „... als Folge des völkerrechtswidrigen Angriffs Putins...“

Rückwärts nimmer! „Und jetzt Bernd Höcke mit den Verkehrsnachrichten. Es herrscht rechts vor links ...“ Und Sie stellen fest: An alles haben Sie gedacht. Nur nicht an ein festes Stück Seil.
In der Ferne bellt ein Hund.

Anders

Ganz ehrlich.
Ich bin durch mit meinen Kollegen.
Ich bin freundlich.
Aber innerlich habe ich mich inzwischen distanziert.
Das wird auch nix mehr.
Irgendwie traurig.
Aber es ist mir auch egal.
Alles ist anders.

Langzeitfolgen

Spaltung der Gesellschaft
Spaltung von Familien
Hass
Hetze
Ausgrenzung
Jobverluste
Diffamierungskampagnen
Morddrohungen
Socialmedia Sperren

Kritiker

Kritiker haben schon früh gesagt, die "Impfung" wird nicht nebenwirkungsfrei sein.
Kritiker haben die Intensivbettenlüge auffliegen lassen.
Kritiker haben die Inzidenzlüge enttarnt.

Kritiker wussten, dass Lockdowns nicht wirken.
Kritiker wussten Bergamo richtig einzuordnen.
Kritiker gingen für die Demokratie auf die Straße.
Kritiker trugen keine Masken im Auto.
Kritiker verweigern den Booster

Kritiker wussten um die negativen Folgen, der Impfung auf das Immunsystem.
Kritiker wussten um die Handlungen der Verantwortlichen „während" der "Pandemie".
Kritiker wussten, dass LongCovid-Lehrer in Wirklichkeit an Burnout leiden.

Kritiker wussten von Anfang an, dass Geimpfte doch ansteckend sein würden.
Kritiker sind entgegen den Prognosen im Frühjahr nicht verstorben.

Bewundert mich

Wie war's auf Twitter wunderbar!
Die freie, noble Agora!
Hier war das wahre Parlament!
Hier zählte nur das Argument!

Hier schien der Wahrheit Sonnenlicht!
Hier gab es Hass und Hetze nicht!
Das Bild der Welt war unverzerrt und
nur die Bösen waren gesperrt!

Doch ach! die schöne Zeit ist fort!
Darum erklingt mein Abschiedswort:
Ich mache mich alsbald davon! Ihr findet mich bei Mastodon.

Doch nein! Der Held in mir erwacht!
Ich weiche nicht des Bösen Macht!
Mit Todesmut beschließe ich:
Ich harre aus! Bewundert mich!

Unsinn

Kita- und Schulschließungen waren #Unsinn.
Lockdowns waren #Unsinn.
Kontaktquarantäne war #Unsinn.
Ausgangssperre war #Unsinn.
Bürgertests waren #Unsinn.
Die Corona-Warnapp war #Unsinn.
2G und 3G war #Unsinn.
Impfpflicht war #Unsinn.

Wie nennt man es

Wie soll man das eigentlich nennen, wenn es tatsächlich staatliche Listen geben sollte, auf denen Menschen öffentlich als Lügner und Unterstützer von Kriegsverbrechern angeprangert werden, deren „Vergehen" in ihrer differenzierten Meinung besteht, die einer Regierung nicht passt?
Wenn sich die Menschen für eine Corona-Schutzimpfung entscheiden, um den Arbeitsplatz zu erhalten, auf Reisen gehen zu können, einer gesellschaftlichen Ausgrenzung entgegenzuwirken oder um Freiheit zu erlangen, ist die Impfung eine Erpressung.

Lasst Euch nicht einreden, dass ihr „Schwurbler" seid oder irgendwas, das auf „ismus" endet. Ihr seid Menschen mit einer Meinung, einer Stimme. Sagt geradeaus, was ihr denkt.

Es ist euer demokratisches Recht.

Älter

In welcher Welt leben wir eigentlich, in der ich mich als Älterer ständig gegenüber Jüngeren rechtfertigen muss? Ich habe als älterer Mensch ein Recht darauf, konservativer zu sein und nicht alle neuen Trends mitzumachen! Ältere Menschen sind der Realitätscheck für Jüngere, deren Aufgabe es ist, sich an den Älteren abzuarbeiten.
Wenn Ältere jede Reibung mit Jüngeren vermeiden und sich ständig ihnen gegenüber rechtfertigen und entschuldigen, ist das eine ziemlich schlechte Entscheidung. Wir vermitteln dadurch Jungen das Gefühl, die Welt drehe sich nur um ihre persönlichen, subjektiven Gefühle. Das Resultat ist dann dieser Wokeness-Nonsens.

Ach, und an alle Jüngeren: Ihr werdet irgendwann auch die Älteren sein.

Behaupten

Wer behauptet, er sei Napoleon oder gar Jesus, landet in die Klapse.

Wer trotz Bart und Penis behauptet, er sei eine Frau, bekommt Gesetze, die ihn schützen.

Mitte? Rechts?

Aus dem „Kampf gegen rechts" ist längst ein Kampf gegen jene Teile der Mitte geworden, die auf ihrer eigenen Meinung beharren.

Gemein – sam?

Eckard von Hirschhausen
Nikolaus Blome
Günther Jauch
Peter Maffay
Sarah Bosetti
Boris Palmer
Stephan Weil
Sarah Frühauf
Alena Buyx
Oliver Welke
Paul Breitner
Heidelinde Weis
Melanie Brinkman

Von Gießkannen

Arbeit, schuften, Geld verdienen,
nicht allzu viel wir davon kriegen,
kassiert viel der Staat, das Land,
öffnet ständig seine Hand!
Es fließt das Geld, wer weiß wohin,
steckt oft in falschen Taschen drin!

Wir Steuerzahler sind wie Kühe,
gibt sich der Staat beim Melken Mühe,
rechnet uns zum Schein was aus,
im Bundestag, gibt's dann Applaus!
Bekommen Lohn, wir etwas mehr,
geben steuerlich doppelt, es wieder her!

Mit großen Worten, angekündigt
Kommt dann mal was zurück
Pauschal für alle wird ausgeschüttet
So werden alle nass.
Was der Steuerzahler nur vergisst,
es aus der eigenen Tasche ist.

Leidenschaftlich

Es wäre schön, wenn der Kampf für den Rechtsstaat genauso leidenschaftlich
betrieben würde wie der "Kampf gegen rechts".

Haltung

Wer die richtigen Werte an einem Menschen schätz, wird sich auch lieber
von der Putzfrau, als dem Chefarzt operieren lassen.

Kann man machen, aber …

Kann man Freundschaft mit Ignoranz pflegen?
Kann man Liebe mit Intoleranz leben?
Kann man Demokratie hinter einem Gewehrlauf lehren?
Kann man Gemeinsamkeit durch Teilnahmslosigkeit feiern?
Kann man klare Werte durch Intransparenz offenlegen?
Kann man Konsequenz ohne Entscheidung aufzeigen?
Kann man dagegen sein, ohne für etwas einzustehen?

Verständnislos

Ich habe es satt!
Ich bin es leid!
Verständnislos ob des
großen Schweigens.
Der Mensch

der Bürger
kann doch nicht
wann beendet er
das Leiden!

Der Obdachlose
bettelt, hungert
friert...
der Politiker
lebt ungeniert!

Wenn dann eines Tages
die Menschen stehen auf
dann liebe Politiker
überlegt nicht lang, lauft!

Vielleicht

vielleicht
sind sie blind
ohne verstand
sonst hätten sie
doch sehen müssen

vielleicht
sind sie taub
ohne verständnis
sonst hätten sie
doch hören müssen

vielleicht
sind sie falsch
ohne empathie
sonst hätten sie
doch nicht mitgemacht

vielleicht
sind sie wir
ohne uns
sonst hätten wir
doch uns wehren können.

Allein

Vertrauen in eine Zeit der Furcht
ohne Sitte und Moral
Die Angst quert mich
durch und durch

Ein Blick in fragende Augen
eine Antwort weiß ich nicht
gäbe es kein Kummer und auch
keine Schmerzen

Ein Versuch mit Sitte gar Moral
bereitet Menschen oft große Qual
Immer diese Angst
die mich durchdringt

Hab gehofft und manchmal gefleht
aber da ist niemand der es versteht
Wohin geht die Reise
und wann geht es los

Dein Leben

ablenkung und operetten
was wir gerne hätten?
wird nicht gefragt
sei nicht verzagt

du hast nichts
und sollst glücklich sein?
du konsumierst
drum lass es sein

lass denken
nicht wie du verstehst
die Zeit vergeht
lass sein

du musst nicht wollen
fällst nur auf
willst du das wirklich
sei nicht so

gemeinsam verteufeln
werd kein spießer
das macht man halt
lässt es dich kalt

du bist immer noch einer
rebellisch wie damals
dabei angepasst
pass auf was du sagst

man muss nicht alles wollen
nur weil man könnte
mittelmäßig gut
keine pointe

früher ja früher
ich war auch mal jung
hörst du dir zu
und irritierst

ade ideale des eigen
geht unter im wollen
hast es nicht geschafft
nicht sollen

durchdringst es nicht
weil du ständig abgelenkt bist
du lässt dich drauf ein
dein leben

bist unzufrieden
weil es dich anficht
könntest es besser
machst es nicht

so lebt es sich gut
es braucht keinen mut
um dich nur bestätigung
alles richtig so

doch bricht es manchmal aus
es will hinein und auch hinaus
wissen willst du
und drüber reden

aufstehen hieße eventuell eben
es ist dein leben
nimm's in die hand
und mach

Verstehen

Der Verstand nach Mustern sucht
manchmal leise er verflucht,
wenn er kann, nicht begreifen, was er nicht kennt.

Das dieses erschüttert oder bedroht
verschiebt er in seiner Not
ins Reich der Fantasie, der Lügen

So wird er sich gleich selbst betrügen
Mit Gefühl und Verstand
wird dann entspannt
sich anderen Themen zugewandt

Ausbrechen

frieden und krieg kann man nicht trennen wie ein ei,
eins und eins ergeben in der summe keinen mehrwert,
dystopische visionen freigesetzt von denen die nur dein bestes wollen,
angst umschlingt kalt deine beine und dringt heiß in deinen verstand,
versuche zu begreifen machen keinen sinn,
lass los und treibe für eine weile mit dem strom,
sammle kraft denn die braucht es, wenn du aus der gleichgültigkeit
ausbrechen willst

Gleichschaltung

Wenn alle die gleiche Meinung haben, gibt es keine Diskussionen.
Wenn alle die gleiche Meinung haben, gibt es keine Vielfalt.
Wenn alle die gleiche Meinung haben, gibt es kein Individuum.
Wenn alle die gleiche Meinung haben, gibt es nur eine Richtung.
Wenn alle die gleiche Meinung haben, gibt es keine Fragen.
Wenn alle die gleiche Meinung haben, gibt es keine Abweichungen.
Wenn alle die gleiche Meinung haben, gibt es keine Fehler.
Wenn alle die gleiche Meinung haben, gibt es kein Vergeben.
Wenn alle die gleiche Meinung haben, gibt es keine Gründe.

Während

An alle, die die Kritiker der Maßnahmen in den letzten Jahren als unnützen Blinddarm, der sich rechts unten befindet, und der ohne Probleme entfernt werden kann, angesehen haben:

Während ihr uns aus Weihnachtsmärkten und Weihnachtsfeiern ausgeladen habt!
Während ihr von eurem Hausrecht berufen habt, um uns auszugrenzen!
Während ihr uns als Mörder beschimpft habt!
Während ihr uns gekündigt habt!
Während wir OPs nicht wahrnehmen durftet, weil wir nicht geimpft waren!
Während man Ärzte und Wissenschaftler verfolgt hat, weil sie nicht eurer Meinung waren!
Während alte Menschen allein starben
Während Kinder misshandelt wurden!
Während ihr die Schulen geschlossen habt!
Während sich Jugendliche das Leben nahmen!

Das hätte ich mir niemals vorstellen können!
Wie konntet ihr so weit gehen?
Ihr habt so viele Menschen zerstört!
Habt ihr euch mal die Frage gestellt, wie weit ihr gegangen wärt?
Wo wäre eure Grenze gewesen?
Ihr habt bewiesen, dass zu jederzeit alles möglich ist!

Masken für die Sprache

Erst "Studierende",
dann "Teilnehmende",
"Forschende" oder
"Mitarbeitende"

Das nicht selten sinnentstellende substantivierte Partizip Präsens breitet sich wie eine Pest des Konformismus und des vorauseilenden Gehorsams aus: die sprachliche FFP2-Maske.

Neue Kapitel

Es wird jetzt ein neues Kapitel aufgeschlagen:

1. Leugnung der Lockdowns ("waren doch nur wenige Regeln").
2. Gespielte Ignoranz ("konnte man doch alles nicht voraussehen").
3. Einfordern von "Verzeihung" (sonst wird vielleicht nachgeholfen).

Verloren

Bist du krank, hast du verloren,
wirst von der Pharmaindustrie geschoren,
spürst du die Gier, den Aderlass!
ist bodenlos, des Geldes Fass.

Die Impfung gegen Corona,
ein Giftcocktail man uns hier spritzte,
die Krankheit, wohl ein Vorwand war,
um zu verdienen, langsam wird es klar!

Zuzahlungen, förmlich explodieren.
Hierbei kannst du nur verlieren,
das Internet, es etwas lindert,
und die Preise für uns mindert.

Ob Ärzte, Pharmaindustrie,
verdienen jetzt, soviel wie nie!
Der Patient, nur eine Zahl,
selten hat, hier eine Wahl!

Mitglied

Wie wurdest du Mitglied, des erlauchten Kreises der Elite?
Ich studierte an der Universität von Wokistan den Studiengang Cancel
Culture mit Schwerpunkt Genderzwang und Denkverbote.
Danach führte mein Weg direkt in den gehobenen Dienst der Sprachpolizei.

Scheuklappen

Es gibt keine Studien, die belegen, dass es hinter den Scheuklappen irgendwas
Interessantes zu sehen gäbe. Das ist ein Märchen unverbesserlicher
Wildpferde und betrunkener Kutscher!

Boykottieren

bald spielen die besten Nationen der Welt wieder um den WM-Titel.
Im TV zeigen sie deine Fußballstars und du gehst spazieren. Sie erzählen
Geschichten aus Tunesien, Südkorea und Argentinien und du reparierst die
Tür in der Küche. Fans aus aller Welt bejubeln die Siege ihrer Teams und du
liest Bücher, die du schon immer mal lesen wolltest. In den Nachrichten
werden WM-Tore gezeigt und du schaltest ab. In deiner Zeitung wirst du zum
ersten Mal den Sportteil auslassen und die Kicker App löschst du vorsorglich
vom Smartphone, um nicht in Versuchung zu geraten.
Du meinst es gut, weil du es nicht ertragen kannst, dass ein solcher Staat eine
WM ausrichten darf. Die Vergabe war verkauft, dazu tote Bauarbeiter, die
sklavenähnliche Lebensumstände der Gastarbeiter, die nicht-demokratischen
Verhältnisse in dem Land, die prekären Menschenrechte. Das alles bringt
dich dazu, kein einziges Spiel dieser WM anzuschauen. An dieser Stelle
musst du ein Zeichen setzen. Aber!

Du schaust kein Spiel und der FC Bayern kassiert 85 Millionen Euro aus
Katar, um für die staatliche Fluglinie zu werben. Du schaust kein Spiel und
Katar gehören 17 Prozent von VW und hat zwei Aufsichtsratssitze des
Konzerns besetzt. Du schaust kein Spiel, aber Katar hat sich für 200
Millionen Euro jährlich bei Paris-St. Germain eingekauft. Du schaust kein
Spiel und trotzdem haben Porsche und RWE viele Milliarden Euro aus Katar
dankend angenommen und Firmenanteile verkauft. Du schaust kein Spiel
und Katar hält fast 10 Prozent an der Deutschen Bank und bestimmt
maßgeblich deren Geschäftspolitik. Du schaust kein Spiel und die fünftgrößte
Reederei der Welt, die deutsche Hapag-Lloyd, gehört zu 12,3 Prozent den
Scheichs. Du schaust kein Spiel und unsere Bundesregierung hofft inständig,
irgendwann doch Gas aus Katar importieren zu können.

Wo bleiben da die Menschenrechte? Kann Geld alles und alle kaufen? Fragst
du dich verzweifelt.

Doch dein Fernseher bleibt aus!
Die sollen merken, dass sie sich nicht alles erlauben können!
Irgendwann ist Schluss!

Niemand

Niemand rettet uns außer wir selbst.

Älter werden

Umso älter man wird um so mehr reduziert sich die Radikalität
in einem selbst. Alles wird in der Amplitude, der emotionalen Ausschläge,
weniger extrem, gar gen harmlos gehend. Dem gehen viele
Verwandlungsprozesse voraus. Manches Erleben wird erst mit der nötigen
Reife, als zu vernachlässigend empfunden, welches in jungen Jahren zu
schweren Zerwürfnissen führen kann und wird. Altersmilde setzt ein.
Dennoch schärft sich permanent der Geist für immer mehr Zwischentöne, die
man zu hören erst mit nötiger Erfahrung im Stande ist.